AF314551

A M. TH. DUBOIS
Membre de l'Institut
Directeur du Conservatoire National
de Musique.

QUATRE-VINGT-DIX
LEÇONS D'HARMONIE

BASSES ET CHANTS

D'EXAMEN ET DE CONCOURS

AVEC LEURS RÉALISATIONS

PAR

A. BARTHE

Professeur au Conservatoire National de Musique.

Ier VOLUME. — Basses et Chants donnés. . . . . Prix net   6 fr.   »
IIe VOLUME. — Réalisations . . . .   —   12 fr.   »

ALPHONSE LEDUC, ÉDITEUR
3, rue de Grammont, Paris.

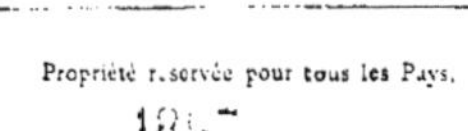

N° 316.

TABLE THÉMATIQUE

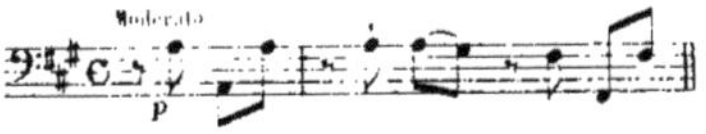

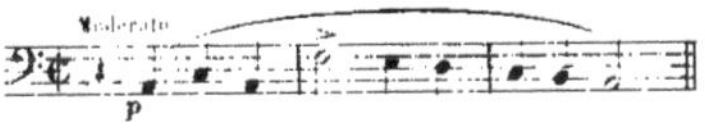

I — BASSES et CHANTS ALTERNÉS

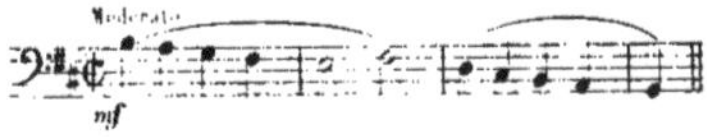

II — BASSES DONNÉES

III—CHANTS DONNÉS

IV—CONCOURS MILITAIRES

V — CONCOURS DU CONSERVATOIRE (HOMMES)

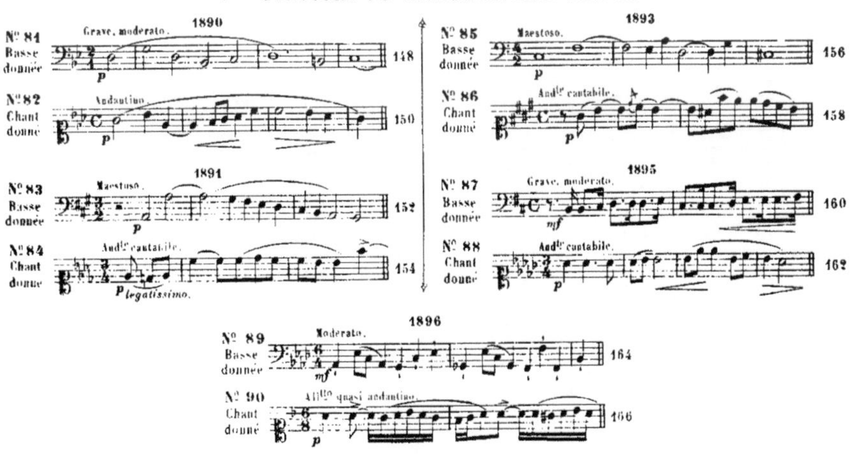

A. BARTHE. — 90 LEÇONS D'HARMONIE

RÉALISATIONS

I—BASSES ET CHANTS ALTERNÉS

Paris, ALPHONSE LEDUC, Éditeur.   A.L.9817   (Gravé chez Alphonse Leduc)

N.º 2
Moderato.
p
Basse donnée.
p
Poco più lento.
Chant donné.
mf
P Cantabile.
p
mf
p
Poco rit.
mf
pp
A.L.9817.

No 3
Moderato.
B
p
mf
p
mf
p
A
Basse donnée.
p
mf
Poco più lento.
Chant donné.
p Cantabile.
p
p
p
mf
p
mf
p
mf
p
A.L.9817.

B
A
N.º 4   Moderato.
p
mf
Basse donnée.
Chant donné.
Rit.
A.L.9817

Nº 5
Andante moderato.
mf
mf
mf
Basse donnée.
mf
Chant donné.
p Dolce.
p
p
Dolce.
p
mf
mf
mf
mf
A.L. 9817

7
N° 6
Andante.
Basse donnée.
Chant donné.
A L 9817

N.° 7
Moderato.
mf
mf
mf
Basse donnée.
mf
f
f
f
Andante.
Chant donné.
p
p
p
p
mf
mf
mf
mf
Rall.
p
p
p
p

N° 8
Molto moderato. 
A
mf
p
B
mf
mf
Basse donnée.
p
A
B
Rall.
A tempo.
Chant donné.
p
p
mf
p
mf
p
p
mf
Poco rit.
mf
pp
p
pp
mf
p
pp
p
p
mf
p
pp
mf
p

10
N° 9
Grave.
A
mf
mf B.
mf
Basse donnée.
mf A.
B.
Chant donné.
Rit.
p
p
p
A tempo poco più lento.
mf
mf
mf
mf
A
Stargando.
p
mf
mf
p
mf
A L 9817

Nº 10
Moderato.
B.
mf
mf
mf
Basse donnée.
mf A
B.
B.
Chant donné.
p
C.
p
p
p
p
f
p
Rit.
f
p
f
p
f
p
A.
A.
L 9817

Moderato.

N.º 44

N.º 12
Moderato.
mf
mf
mf
Basse donnée.
mf
mf
mf
mf
mf
mf
mf
mf
mf
Chant donné.
p
p
p
p
p
p
p
p
A. L. 9817.

Rall.
N° 13
Moderato.
mf
Basse donnée.
mf
p
f

Poco più lento.
Chant donné.
mf
mf
mf
p
p
p
I.er tempo.

Moderato.

Nº 14

Dim.
Dim.
Dim.
Dim.
A.
p
p
Chant donné.
p
B
p
mf
mf
Basse donnée.
B.
mf
f
f
f
f

N.° 15

A.L.9817.

19
mf
mf
mf
mf
p
p
p
p
Cresc.
Cresc.
Cresc.
Cresc.
f
f
f
p
p
p
A
pp
pp
pp
pp
f
Rall.
p
p
p
p
A.L.9817.

Nº 16

Allegretto scherzando.

A.L.9817.

Chant donné.
Rit.
A tempo.
f
f
mf
p
A
p
p
p
mf
mf
mf
mf
A
p
p
p
mf
mf
mf
mf
f
f
f
f
p
p
p
p
Rit.
A tempo.
A.L.9817.

C
Basse donnée.
B
mf
mf
mf
mf
A
p
p
p
p
B
C
mf
mf
mf
mf
f
f
f
f
A.L.9817

Chant donné.
p
p
p
p
mf
mf
mf
Cre scen do.
Cre scen do.
Cre scen do.
Cre scen do.
f
p
f
p
f
p
f
p

A.L.9817.

Nº 17
Largo.
mf
mf
mf
Basse donnée.
mf
Allegretto.
A
Chant donné.
B.
p
p
p
p
Cresc.
Cresc.
Cresc.
Cresc.
mf
mf
mf
mf
Rit.
p
p
p
p
A I 9817.

Largo.
mf
mf
mf
Basse donnée.
mf
Poco rit.
Allegretto.
B
Chant donné.
p
p
p
A
p
mf
mf
mf
mf
p
p
p
p
Largo.
p
mf
p
p
mf
p
p
mf
p
Basse donnée.
p
mf
p

N.º 18

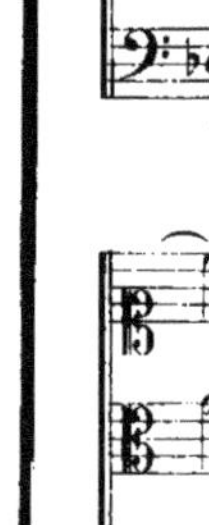

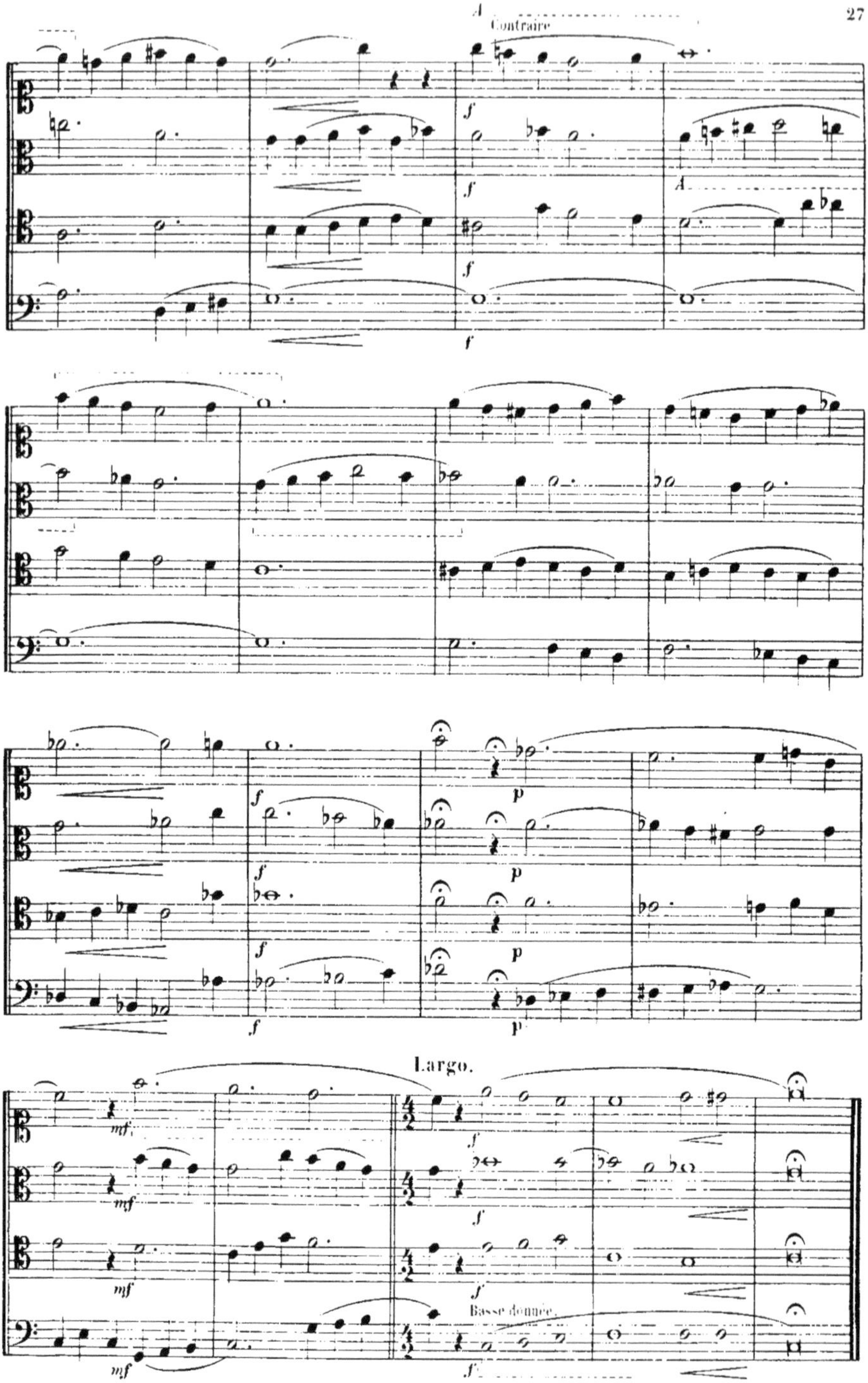
A
Contraire
f
f
f
f
A
f
f
f
f
p
p
p
p
Largo.
mf
mf
mf
mf
f
f
f
Basse donnée.
f

N.º 19
Andantino.
A
p
mf
mf
A
p
mf
Basse donnée.
p
A
mf
B
Chant donné.
p
p
p
p
mf
mf
mf
mf
mf
mf
mf
mf
mf
A L. 9817

p
B.p
p Marquez le chant.
mf
f
mf
f
mf
f
f
Basse donnée.
p
p
p
p
Cresc.
mf
f
mf
f
mf
f
Rall.
p
mf
f
p
p
mf
f
mf
f

N.º 20

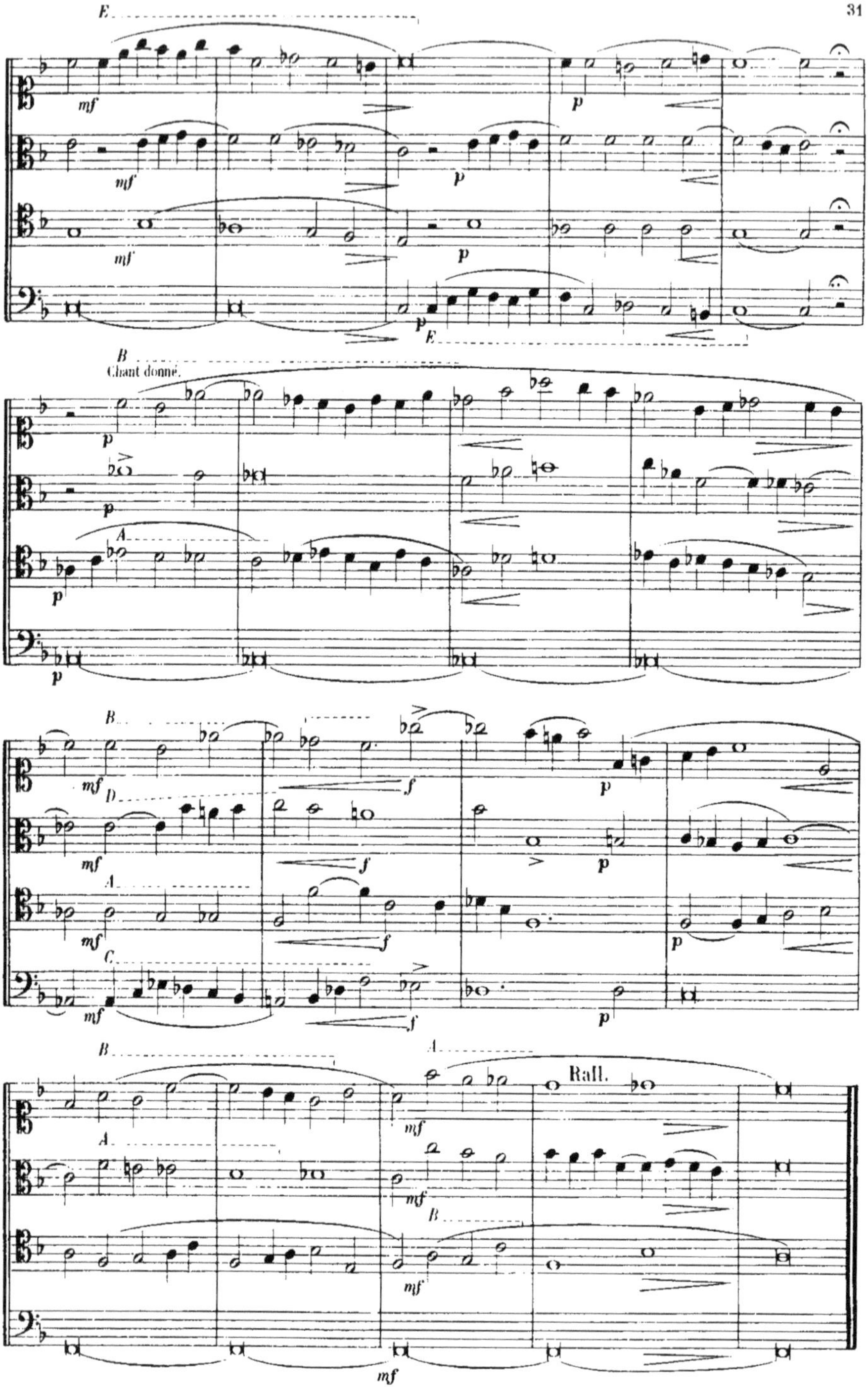
E
B
Chant donné.
A
D
C
Rall.
mf
p
f

II — BASSES DONNÉES

A.L.9817

Moderato.
N° 22
mf
AL.9817

Rit.

N.º 23. Moderato.

Cantando.
C.
C.
C.
A.
A.
Cre - scen - do.
Cre - scen - do.
Cre - scen - do.
Cre - scen - do.

N.º 24
Allegro moderato.

Cre scen do.
Cre scen do.
Cre scen do.
Cre scen do.
A.L.9847

Nᵒ 25
Grave.
mf
A
p
f
B
mf
C
p
A.L.9817.

Cre _ scen _ do.
Cre _ scen _ do.
Cre _ scen _ do.
Cre _ scen _ do.

Allegretto moderato.
N° 26
p
p
p
p

A
mf
mf
mf
mf B

Dim.
Dim.
Dim.
Dim.
p
p
p
p

p
p
p
p

A
B
mf
mf
mf
mf
f
f
f
f
mf
mf
mf
f
p
f
p
f
p
f
p
mf
p
p
p
p

N.° 27
Andantino.
mf
mf
mf
A
mf Cantabile.
p
p
p
p
mf
mf
mf
mf
A
A
A
B
f
f
f
B
f
A.L.9817.

A
p
p
p
p
B
f
f
f
f
p
mf
p
p
p
mf
p
p
mf
p

Nº 28
Andante. Grave.
A. L. 9817.

Rit.
A tempo.
A.L.9817.

III—CHANTS DONNÉS

N° 30
Moderato.
p
Rit.
mf
pp
A.L.9817.

N° 31

Andantino moderato.

Moderato.
N° 32

Rall.
A tempo.
Rall.
mf
p
mf
mf
mf
mf
p
p
p
p
p

N° 33
Moderato.
Rall.
A tempo.
mf
A.L. 9817.

Rall.
mf
mf
mf
mf
pp
pp
pp
pp
p
p
p
p

54
N.º 34
Andantino.
p
p
p
p
mf
mf
mf
mf
mf
mf
mf
mf
p
p
p
p
A.L.9817.

Nº 35

Allegretto grazioso.
p
mf
p
mf
p
mf
p
mf
p
p
p
p
mf
mf
mf
tr
p Cantabile.
p
p

Poco rit.
A. L. 9817.

N.º 36
Allegretto quasi andantino.

Raff.
A. L. 9817.

Nº 37
Lento. (Mouvement de Sarabande)
p Dolce.
p
p
p
mf
p
A
p
A
p
mf
mf
mf
mf
A.L. 9817.

61
Marquez le chant.
A
Rall.
A. I. 9817.

Nº 38

Molto moderato.

A.L.9817.

Rit.
A tempo.
f
f
f
f
p
p
p
p
p
p
p
p
p
p
p
pp
pp
pp
pp

64
N° 39
Andante moderato.
CHORAL
A. L. 9817.

f
p
p
mf
mf
mf
mf
Rall.
Largo.
pp
pp
pp
pp
pp

N.º 40

Poco rit.
A tempo.
A.L.9817.

N.º 41

Rall.
A.L.9817.

Andantino.

N.º 42

A
B
f
f
f
f
f
f
p
p
p
p
mf
mf
mf
mf
p
p
p
p

№ 43

Poco slargando.
mf
Animato.
p
f

N.º 44

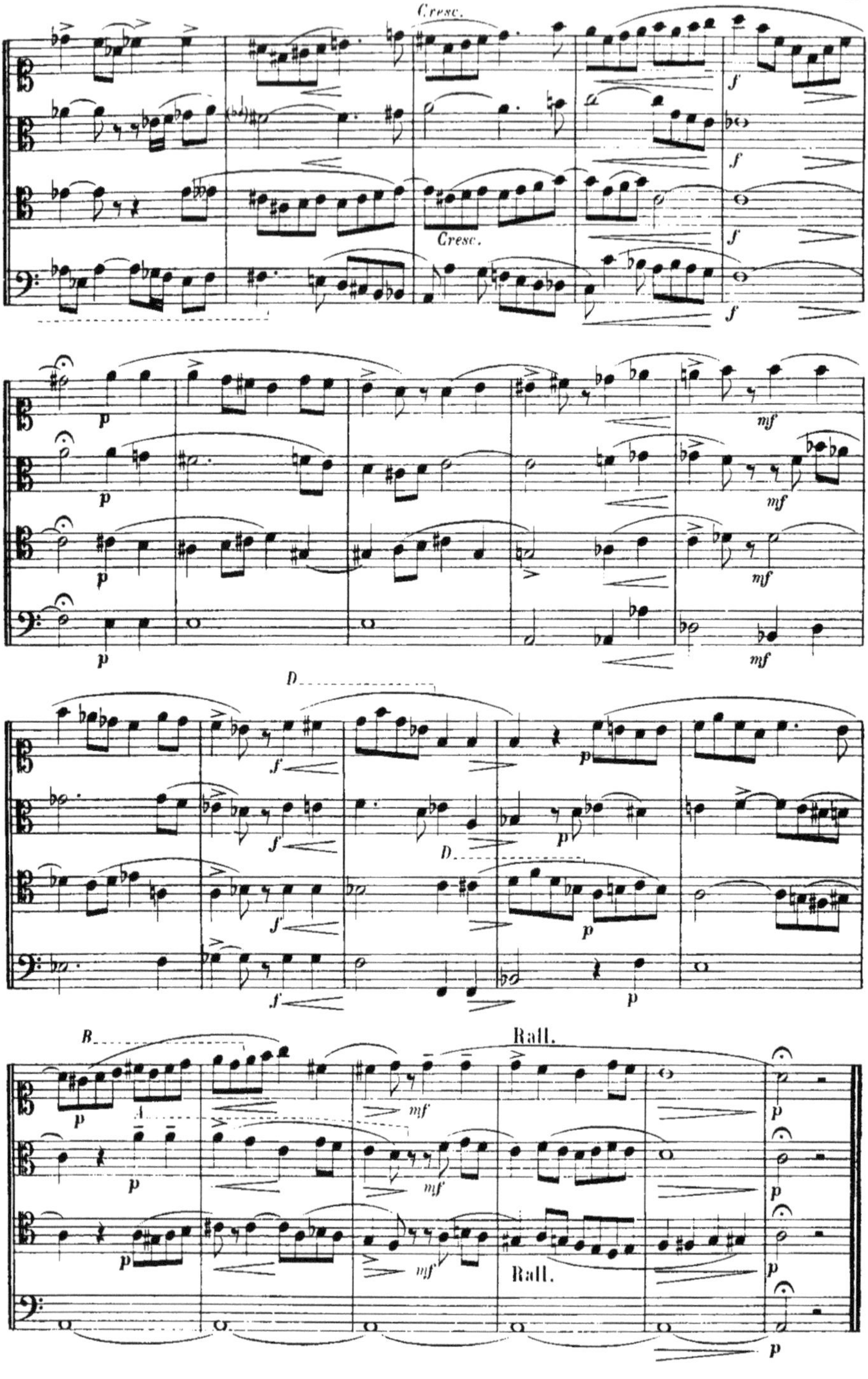
Cresc.
Cresc.
D
D
B
A
Rall.
Rall.

N? 45
Andantino moderato.
p
p
p
p
Cresc.
mf
Cresc.
mf
Cresc.
mf
Cresc.
p
p
p
p
A.L. 9817.

Rit.
A tempo.
mf
p
p
Marquez le chant.
mf
mf
mf
Più lento.
p
f
p
f
p
f
p
f

N° 46
Moderato.
p
p
p
mf
mf
mf
p
p
p
p
f
f
f
f

mf
p
mf
p
mf
p
mf
p
B
C
mf
A
mf
mf
A
B
p
p
C
p
p
Lento.
f
f
f
f

N.º 47

Andantino moderato.

p
mf
p Marquez le chant.
p
mf
mf
mf
mf
mf
f
f
f
f
p
p
p
p
mf
mf
mf
f
f
f

Nº 48

Allegretto scherzando.
p
p
p B
p Marquez le chant
p

mf
mf
mf
mf

C
p
mf
p
p
mf
mf

Rit.
p
mf
p
mf
p
mf
p
mf

A tempo.
Rit.
A tempo.

N? 49

Andantino.

Cre _ scen _ do.

N.º 50

Lento, religioso.
p
p
p
p
x
p
p
p
p
mf
mf
mf
mf
mf
mf Marquez le chant.
mf
mf
mf
mf
Cresc.
Cresc.
Cresc.
Cresc.

Dim.
pp
f
pp
Marquez le chant.
pp
f
pp
f
pp
mf
mf
mf
mf
p
p
p
p
p
p
p
Adagio.
f
pp
f
pp
f
pp
f
pp

IV.— CONCOURS MILITAIRES

CHEFS (Génie et Artillerie) 1890

pp
pp
pp
pp
p
f
p
f
p
f
mf
Cresc.
mf
Cresc.
mf
Cresc.
Lento.
f
p
f
p
f
p
f
p
f
p
f
p
f
p
A. L. 9817

Moderato.
N.º 52
CHANT DONNÉ
p
mf
f
A.L. 9817.

Cresc.
Cresc.
Cresc.
Cresc.
Dim.
Dim.
Dim.
Dim.

CHEFS (Infanterie) 1891

Rit.
A tempo.
p
p
p
p
mf
mf
mf
mf
p
p
mf
mf
mf
mf
p
p
f
f
f
f
A. L. 9847.

Nᵒ 54
CHANT DONNÉ
Andantino.
p
p
p
p
mf
mf
mf
mf
p
p
p
Cresc.
Cresc.
Cresc.
Cresc.
mf
mf
mf
mf

A tempo.
Rit.
mf
p
mf
p
p
Cresc.
Cresc.
Cresc.
Cresc.
f
f
p
p
p
p
p
mf
mf
mf
f
f
f
f
p
p
p
p
p
p
p
mf
mf
mf
pp
pp
pp
pp

CHEFS (Génie et Artillerie) **1891**

B
A
D
B
mf
mf
f
f
mf
mf
mf
mf
p
p
p
p
f
f
f
p
A. D. 9817.

N.º 56
CHANT DONNÉ

Andante.

SOUS-CHEFS (Infanterie) 1892

N.º 57 — Moderato.

BASSE CHIFFRÉE

Cre - scen - do.
Cre - scen - do.
Cre - scen - do.
Cre - scen - do.

Nº 58
CHANT DONNÉ
Andante.
p
p
p
p
mf
mf
mf
mf
mf
mf
mf
mf
mf
A.L. 9817.

Rall.
A tempo.

CHEFS (Infanterie) 1892

Più lento.

Nº 60
CHANT DONNÉ
Moderato.
p
p
p
p

mf
mf
mf
mf

pp
pp
pp
pp
A. L. 9817.

CHEFS (Génie et Artillerie) 1892

Nº 61

Molto moderato.

f

Poco rit.
A tempo.
p
f
p

Poco rit.
mf
p

N.º 62
CHANT DONNÉ

Andante moderato.

CHEF (Garde Républicaine) 1893

N.º 63

A.L. 9847.

N° 64
CHANT DONNÉ
Andantino quasi Allegretto.
p
mf
p
mf
A.L. 9817.

mf
p
mf
p
mf
p
mf
p
mf
mf
mf
mf
p
p
p
p
Rit
mf
mf
mf
mf
p
p
p
p

CHEF (Equipages de la Flotte—Brest) **1893**

Cre _ scen _ do.
mf
Cre _ scen _ do.
mf
mf
Cre _ scen _ do.
mf

p
p
p
p

mf
f
mf
f
mf
f
mf
f

Nº 66
CHANT DONNÉ
Andantino.
p
mf
p
A.L.9817

p
mf Marquez le chant.
p
mf
mf
mf
p
p
mf
p
mf
p
mf
p
mf
p
f
p
mf
f
p
f
p
f
A.L.9817.

CHEFS (Infanterie) 1894

N.º 67

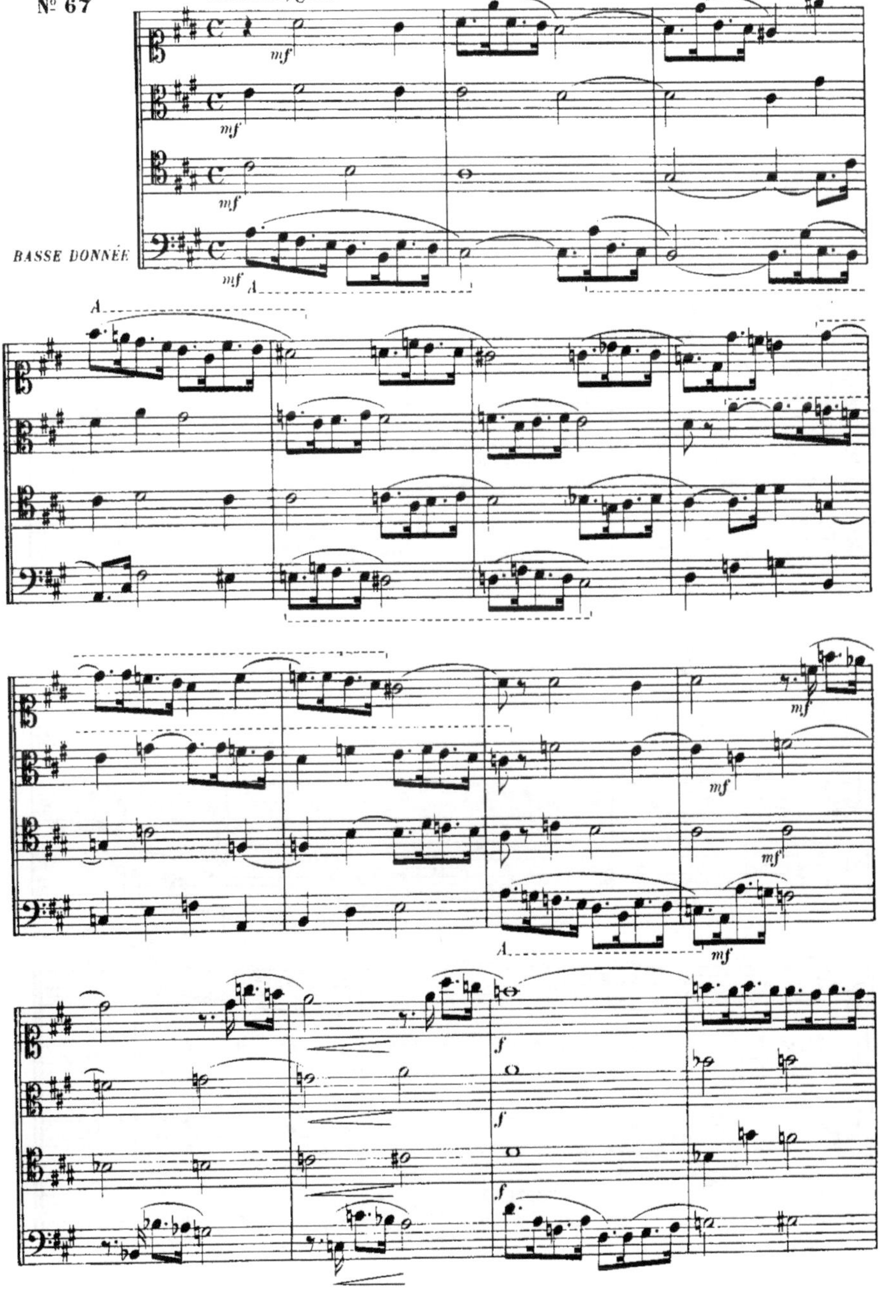

p
p
p
f
f
f
mf
mf
mf
A
p
p
p
Cresc.
Cresc.
Cresc.
Cresc.
f
f
f
f

N.º 68
CHANT DONNÉ

Andante.

Poco rit.
A tempo.
Cresc.
mf
p
Cresc.
Cresc.
Cresc.
Cresc.
mf
p
Cresc.
Cresc.
p
Cresc.
f
f
f
f

SOUS-CHEFS (Infanterie) 1894

N.º 69 — Lent, grave.

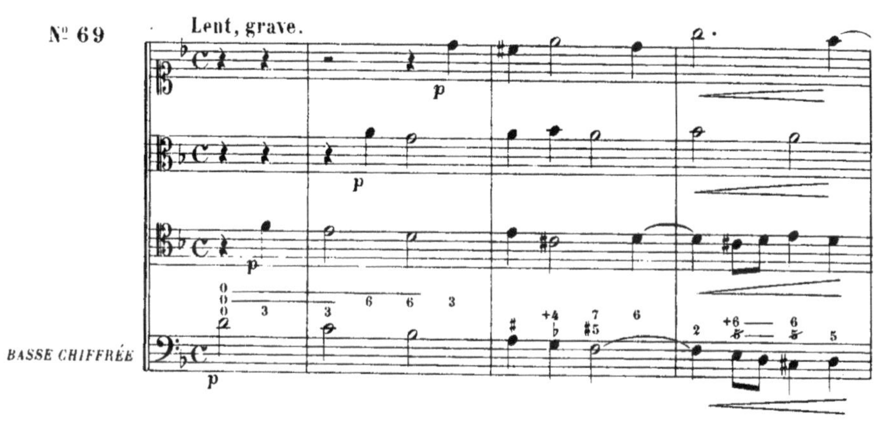

N.º 70
CHANT DONNÉ

Moderato.

A.L.9817

Poco rit.
A tempo.

CHEFS (Génie et Artillerie) 1894

Moderato.

N° 74

N.º 72
CHANT DONNÉ
Andantino.
p Legatissimo.
p
p
p
Cresc.
Cresc.
Cresc.
Cresc.
mf
mf
mf
mf
p
p
p
mf
mf
mf
mf
A L 9817.

Grave.
A.L. 9817

CHEFS (Génie et Artillerie—Versailles et Vincennes) 1894

N.º 74
CHANT DONNÉ
Andante sostenuto.
A L. 9817

mf
mf
mf
mf
p
p
p
p
mf
mf
mf
Poco rit.
p
p
p

CHEFS (Infanterie) 1896

Nº 75

Rall.

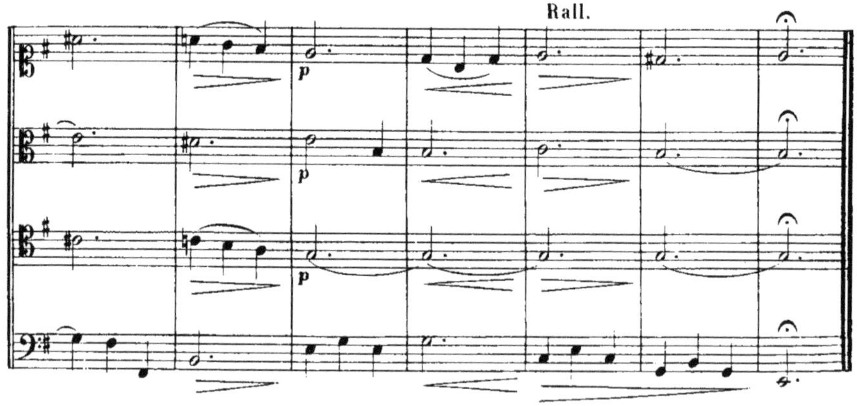

N.º 76

CHANT DONNÉ

Andantino.

Poco rit.
A tempo.
Rit.
A. L. 9847.

SOUS-CHEFS (Infanterie) 1896

N.º 77

N° 78
CHANT DONNÉ
Andantino.
p
p
p
p
mf
mf
mf
mf
Cresc.
Cresc.
Cresc.
Cresc.

A.L.9817.

Rall.
A tempo.
p
p
p
p
mf
mf
mf
f
f
f

Poco rall.
mf
mf
mf
mf
p
p
p
p

CHEFS (Génie et Artillerie) 1896

N.º 79

Molto moderato.

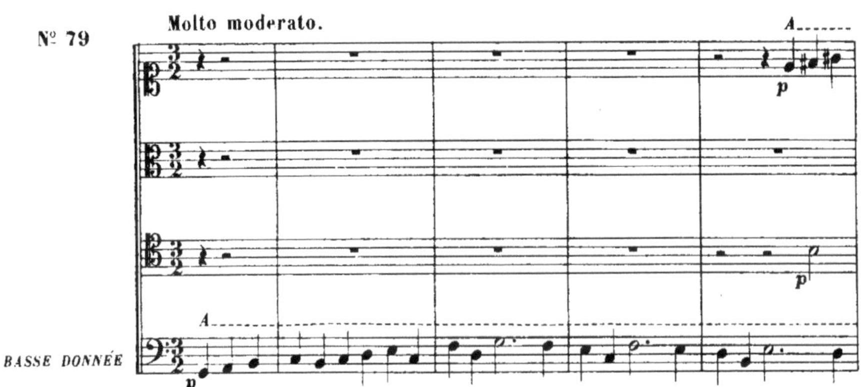

A.L.9817.

N.º 80
CHANT DONNÉ
Mouvement de Marche.(Très modéré)
mf
mf
mf
mf
mf
tr
mf
tr
mf
mf
mf
f
f
3
3
3
3
Dim.
3
3
f
f

V—CONCOURS DU CONSERVATOIRE (*HOMMES*)

1890

N° 81 — Grave, moderato.

BASSE DONNÉE

B
A
mf
B
mf
A
mf
C
f
Dim.
f
Dim.
f
Dim.
f
A
Dim.
C
A
Dim.
A
f
B
f
p
f
p
f
Lento.
p
mf
p
p
mf
p
p
mf
p
A
p
mf
p

Nº 82
CHANT DONNÉ
Andantino.
p
p
mf
Cresc.
A. L. 9817.

mf
Dim.
Dim.
mf
Dim.
mf
Dim.
mf
Dim.
p
p
p
p
mf
mf
mf
mf
p
p
p
Marquez le chant.
Rit.

1891

N.º 83

Maestoso.
p
BASSE DONNÉE
p
Cresc.
Cresc.
Cresc.
Cresc.
mf
mf
mf
mf
mf
mf

Cresc.
Cresc.
Cresc.
Cresc.
f
f
f
f
mf
mf
mf
mf
Rall.
mf
mf
mf
mf
A.L.9817.

Nº 84
CHANT DONNÉ
Andante cantabile.
p Legatissimo.
p
p
p
mf
mf
mf
mf
p
p
p
mf
mf
mf
mf
mf
mf
A.L. 9817.

Rit.
A tempo.
pp
pp
pp
mf
pp
mf
pp
mf
p
pp
mf
mf
pp
mf
Rit.
pp
p
pp
p
pp
p
pp

1893

N° 85

C
Dim.
Dim.
Dim.
Dim.
B
A
f
f
f
p
p
p
p
f
f
f
f
Poco rit.
C
C
p
p
p
p
pp
pp
pp
pp

Nᵒ 86
CHANT DONNÉ
Andante cantabile.
p
p
p
p
mf
mf
mf
mf
p
p
p
p
mf
mf
mf
A. L. 9817.

Rall.
A tempo, più largo.
pp
pp
pp
pp
mf
mf
mf
mf
f
p
f
p
f
p
f
p
p
p
mf
mf
mf
mf
p
p
p
mf
mf
mf
p
mf

1895

N° 87

B.
Cresc.
mf
Cresc.
mf
Cresc.
mf
Cresc.
mf
ff
ff
ff
ff
p
p
p
Animato.
p
mf
f
ff
p
mf
f
ff
p
mf
f
ff
mf
f
ff

N.º 88
CHANT DONNÉ

Andante cantabile.
p
p
p
p
mf
mf
mf
mf
pp
pp
pp
pp
mf
mf
mf
mf
mf
mf
mf
mf

Rall.
A tempo.
Rit.

1896

Nᵒ 89
Moderato.
mf
mf
mf
BASSE DONNÉE
mf
A
Cresc.
Cresc.
f
f A
f
f
A
B
Dim.
Dim.
Dim.
B Dim.

Nº 90
CHANT DONNÉ
Allegretto, quasi andantino.
p
mf
A.L. 9817.

Paris. Imp. A. Chaimbaud et Cie